Manuel

G000109054

Traducir el silencio

Translating Silence

artepoética
press

Colección
Rambla de Mar

Nueva York, 2018

Title: Traducir el silencio / Translating Silence

ISBN-13: 978-1-940075-58-7
ISBN-10: 1-940075-58-0

Design: © Ana Paola González
Cover & Image: © Jhon Aguasaco
Editor in chief: Carlos Aguasaco
E-mail: carlos@artepoetica.com
Mail: 38-38 215 Place, Bayside, NY 11361, USA.

Manuel Iris

Traducir el silencio
Translating Silence

Colección
Rambla de Mar

CONTENIDO / CONTENT

Escritos en Estados Unidos, país en el que vivo y en el que he realizado casi la totalidad de mi obra, los poemas que aparecen en este libro fueron hechos originalmente en español. En general, reflejan mi obsesión con la belleza, el tiempo, la muerte y los puentes que las unen: el deseo y el silencio.

Las versiones inglesas de los poemas han sido escritas principalmente por mí. Durante este proceso he intentado no traducir, sino escribir en inglés los poemas como si fuera la primera vez que se escriben. Me he dejado guiar por el ritmo del nuevo idioma. Por supuesto, luego de esta fase de segunda escritura la ayuda de mis amigos Pat Brennan y la poeta Wendy E. Braun ha sido invaluable. El poeta y académico Matt McBride es el principal traductor del *Cuaderno de los sueños*.

Con este libro, y con todos los que he escrito, declaro mi fe en la poesía como una triple forma de comunicación con uno mismo, los otros y la trascendencia, y mi creencia que todo poema es una traducción del silencio.

Manuel Iris

Penned in the United States, the country in which I have written almost the entirety of my work, and in which I live, all the poems that make up this book were made originally in Spanish. They reflect my obsession with beauty, time, death, and the bridges that marry them: silence and desire.

The majority of the English versions of the poems were written by me. During this process I have tried not to translate, but to write the poems in English as if it was the first time they were written. I let myself be guided by the rhythm of the new language. Of course, after this second writing phase, the help of my friends Pat Brennan and the poet Wendy E. Braun has been invaluable. The poet and scholar Matt McBride is the main translator *Notebook of Dreams*.

With this book, and with all the books I have written, I declare my faith in poetry as a triple form of communication with oneself, others, and transcendence, and my belief that every poem is a translation of silence.

Manuel Iris

Manuel Iris o los huidizos rostros de lo absoluto

Armando Romero

Si el camino a la poesía fuera algo fácil, transitable para todos, creo que ésta ya hubiera desaparecido bajo la forma de juegos retóricos, anuncios comerciales, consignas políticas o tarjetas de amor y cumpleaños. Por esto, si la poesía todavía sobrevive es porque comulga con lo difícil, con lo casi inalcanzable. Creo que Manuel Iris es un poeta joven y valiente que no tiene temor frente al desafío de lo imposible, impregnando la página del poema con hermosos versos que marcan esta búsqueda. Son ellos entonces "un conjunto de vocablos en un sueño inconcluso", como él mismo nos dice. Si el sueño no termina, así la poesía.

He aquí, frente al lector, poemas que orquestan un juego de absolutos: amor, silencio y muerte. Estos vienen al encuentro que devela el disfraz que día a día nos ponemos, pero, espejo de paradojas, el rostro que aparece es otro, y así en un continuo suceder. La poesía de Manuel Iris busca inyectarle misterio a las palabras, desnudarlas para que oculten su transparencia, para que nos otorguen una verdad más allá de lo visible. Y éste es el desafío al lector al enfrentarlo a lo difícil como si fuese una vía láctea que se esconde tras un agujero negro. Por eso afirma: "La desnudez también es un disfraz".

No saben los ruidosos poetas de nuestro tiempo que en poesía el silencio es lo más difícil de encontrar, de capturar y traer al poema. Celan, Vallejo, sean los maestros. El poeta Iris escinde el silencio en un adentro y un afuera, así "mi silencio", que va a lo íntimo, es el enigma que marca a "Silencio", voz totalizante para este poseer y desposeer, donde el uno sale en el otro como un absoluto. Ya el título de este libro nos lo dice, *Traducir el silencio*, es decir, que el poeta traslada el silencio del ser del hablante lírico al Ser que se vuelve Silencio, ese Silencio que "funda el lenguaje", como quería Heidegger.

El llamado del poeta a escuchar la música de Arvo Pärt en algunas secciones de este libro no es gratuito. La sensualidad religiosa de las canciones de Pärt comulga con la sensualidad que se desliza por la piel de cuerpos y objetos dentro de los poemas. "Tu cuerpo es una forma de la música", dice Iris en un precioso y preciso verso que no necesita glosas. Vamos acompañados del Ángel de Rilke en este ir y venir del sueño a la realidad, donde el Amor vibra entre el estar y el no-estar, y en este juego de los límites los seres queridos rondan entre las páginas en el suceder de lo inefable que los envuelve, mientras una realidad huidiza los afirma.

"Llena de muerte toda la belleza", es la proclama de Iris en su búsqueda total, absoluta. Pero ¿qué es la muerte si no el estado primigenio de lo que nace? La muerte no es el otro lado de la vida, sino el vivir de lo desconocido, por eso se conjuga en el silencio.

No hay nada fácil, repito, en el hacer de la poesía.

Manuel Iris or the elusive faces of the absolute

By Armando Romero

If the way to poetry was easy, accessible for all, I believe poetry would have already disappeared in the form of rhetorical games, commercials, political slogans, or love and birthday cards. Therefore, if poetry still survives it is because it communes with that which is difficult, with the almost unattainable. I believe Manuel Iris is a young and brave poet who is not afraid of the challenge of the impossible, impregnating the page of the poem with beautiful verses that mark this search. They are "a collection of words in an unfinished dream", as he himself tells us. If the dream never ends, neither does the poetry.

Here, before the reader, are poems that orchestrate a game of absolutes: love, silence, and death. These absolutes come to the encounter that unveils the disguise we put on each day but, mirror of paradoxes, the face that shows up is another one instead of ours, and this will go on forever. The poetry of Manuel Iris seeks to infuse words with mystery, to strip them naked in order to hide their transparency, so they can give us a truth beyond the visible. This is the challenge to the reader: making him confront what is difficult, as if it was the Milky Way hiding behind a black hole. That is why the poet declares: "Nakedness is also a disguise".

The noisy poets of our time do not know that silence is the most difficult thing to find in poetry, to capture and to bring into the poem. Celan and Vallejo would be the masters. The poet, Iris, divides silence into an inside and an outside. So, "my silence" leans to the intimate, which is the enigma that accesses "Silence", totalizing voice for all this owning and disposing, where the One surges in the Other as an absolute. The title of this book, *Translating silence*, says it to us; it means that the poet translates the speaker's silence into the Being that becomes Silence, the Silence that "founds the language", as Heidegger wanted.

The poet's call to listen to the music of Arvo Pärt in some sections of this book is not accidental. The religious sensuality of Pärt's music communicates with the sensuality that slides through the skin of bodies and objects in the poems. "Your body is a form of music", says Iris in a beautiful and precise verse that does not need commentaries. We are accompanied by Rilke's Angel in this coming and going from dream to reality, where Love vibrates between being and non-being, and the loved ones prowl between the pages in the happening of the ineffable which envelops them, while an elusive reality affirms them.

"Full of death is all beauty" is Iris' proclamation in his total, absolute quest. But what is death if not the primordial state of all that is born? Death is not the other side of life, but the living of the unknown. That is why it is conjugated in silence.

There is nothing easy, I repeat, in the making of poetry.

Para Claudia Velez este libro y el silencio,
la vida y la eternidad.

To Claudia Velez this book and the silence,
the life and the eternity.

De

LOS DISFRACES DEL FUEGO

(2015)

From

The disguises of fire

(2015)

Relámpago extasiado entre dos noches,
pez que nada entre nubes vespertinas,
palpitación del brillo, memoria aprisionada,
tembloroso nenúfar sobre la oscura nada,
sueño frente a la sombra: eso somos.

Vicente Gerbasi

Ecstatic lightning between two evenings,
fish swimming through nighttime clouds,
palpitation of glow, jailed memory,
trembling water lily over the dark nothingness,
dream before the shadow: that is what we are.

Vicente Gerbasi

Tintinnabuli

La presente sección debe leerse escuchando
Für Alina, de Arvo Pärt

Quiero jugar a herirte, mi silencio.

Quiero jugar a que te arrojo piedras,
a que te aviento pájaros y peces,
todo lo que vuela
y que te rompes, te cuarteas

y caen tus pedazos solamente en ti,
y los recojo y te miro
entero como siempre,
sin que te falte nada.

TINTINNABULI

The current section should be read while listening to
Für Alina, by Arvo Pärt

I want to pretend that I hurt you, my silence.

I want to pretend that I throw stones at you,
that I throw birds and fish,
anything that flies, at you
and then you break, you crack

and all your pieces only fall inside of you,
and I pick them up and look at you,
and there you are,
complete as always,
lacking nothing.

Si te repites tú, Silencio,
si te ecas,
¿Qué ritmo se hace luz?

¿Qué dices cuando danzas
en los ojos de los ciegos,
en el andar del sordo,
en nuestra muerte?

¿Qué respondes?

If you repeat yourself, Silence,
if you become your echo
which rhythm turns into light?

What are you saying when you dance
in the eye of the blind,
the steps of the deaf,
in our death?

What do you answer?

Pleno de ti, Silencio,
vaciándote en las cosas
inundas más espacio, todavía,
que la luz:

                tu voz no tiene fondo.

Un pez-relámpago cabalga tus oleajes,
se adentra al sueño.

Full of yourself, Silence
pouring yourself into every thing
you flood more space, even more space
than the light

       your voice is bottomless.

A lightning-fish rides on your waves,
dives into the dream.

No eres la luz sino la transparencia.

Tu desnudez es la otra cara del cristal
de la quietud.

Pero te mueves, andas
mis silencios
nuevos, tu camino
de plateado pez,
de claridad espesa,
de soledad sin horas.

Permaneces.

You are not light, but transparency.

Your nudity is the other face of the crystal
of stillness.

But you move, you walk through
my new silences,
through your path
or silver fish,
of thick clarity,
of hourless solitude.

                You remain.

Salgo de ti, Silencio,
para buscar tu ritmo y tus repeticiones,
para guardar tu rostro
y tu temperatura

Lleno de ti mis ojos,
mis pulmones.

Toda mi lengua sabe a ti, Silencio,
mi saliva metálica, mi voz de nube,
nuestro aroma.

Un vidrio roto me conduce a ti,
a un barco ciego, a una despierta estancia.

Salgo de ti, Silencio.

Pero ¿qué cosa no?

I come out of you, Silence,
searching for you rhythm and your repetitions,
to hold your face
and your temperature within me.

I fill my eyes,
my lungs with you.

All my tongue tastes like you, Silence,
my metallic saliva, my voice of clouds,
our smell.

Broken glass takes me to you,
to a blind boat, to an awaken stay.

I come out of you, Silence.

But what doesn't?

Te he visto reposar en sábanas enfermas y en extenuado
pan. Te he visto en la belleza arrodillada de las llagas, en
el sabor del polvo.

Has caminado con los ojos, mi silencio, llenos de palabras
nuevas. Has sucumbido al asma de las piedras, a la más
terca edad de las fracturas
y a la miel.

No puedo contenerte. Sales de mí como el alivio de las
[flores
a los pies del ahorcado. Sales de mí, Silencio,
y eres mi padre y mi hijo, mi heredad.

Súbitamente se fractura una copa y te conviertes:
astilla transparente, estridencia clara.

Sales de mí, Silencio,
y te repites.

¿Quién saldrá de quién?

I have seen you resting in sick sheets, in exhausted bread.
I have seen you in the kneeled beauty of the sores, in the
taste of dust.

You have walked, my silence, with eyes filled of new
words. You have succumbed to the asthma of stones, to
the most relentless age of fractures
and to sweetness.

I can't contain you. You come out of me like the relief of
[flowers
at the feet of the hanged man. You come out of me,
[Silence,
and you are my father and my son, my inheritance.

Suddenly a glass breaks and you transform:
transparent sliver, clear stridence.

You come out of me, Silence,
and repeat yourself.

Who comes out of whom?

Un pájaro sin eco
se desnuda, se recuesta
en tu cabello.

Una mentira se amanece en ti,
te dulcifica.

Una verdad se vuelve una muchacha.

An echoless bird
gets naked and rests
on your hair.

A lie sunrises within you,
it sweetens you.

A truth becomes a maiden.

Vuelto hacia ti, Silencio,
vas llenándonos las venas
de transparentes pájaros.

Tu vuelo subterráneo nos hermana.

Algo se rompe,
pero no eres tú.

Turned to yourself, Silence,
you fill our veins
with transparent birds.

Your underground flight makes us equal.

Something breaks,
but it isn't you.

LOS DISFRACES DEL FUEGO

Tabula Rasa, Arvo Pärt

Todos los ríos van hacia el mar, pero el mar no se llena. Al lugar donde los ríos fluyen, allí vuelven a fluir. Todas las cosas son fatigosas, el hombre no puede expresarlas. No se sacia el ojo de ver, ni se cansa el oído de oír. Lo que fue, eso será, y lo que se hizo, eso se hará; no hay nada nuevo bajo el sol. ¿Hay algo de que se pueda decir: "Mira, esto es nuevo?" Ya existía en los siglos que nos precedieron. No hay memoria de las cosas primeras. Ni tampoco de las postreras que sucederán; no habrá memoria de ellas entre los que vendrán después.

Eclesiastés I, 7-11

Al destino le agradan las repeticiones, las variantes, las simetrías; diecinueve siglos después, en el sur de la provincia de Buenos Aires, un gaucho es agredido por otros gauchos y, al caer, reconoce a un ahijado suyo y le dice con mansa reconvención y lenta sorpresa (estas palabras hay que oírlas, no leerlas): ¡Pero, che! Lo matan y no sabe que muere para que se repita una escena.

Jorge Luis Borges

THE DISGUISES OF FIRE

Tabula Rasa, Arvo Pärt

*All streams run to the sea, but the sea is not full;
to the place where the streams flow, there they flow
again. All things are full of weariness; a man cannot
utter it; the eye is not satisfied with seeing, nor the ear
filled with hearing. What has been is what will be, and
what has been done is what will be done, and there is
nothing new under the sun. Is there a thing of which
it is said, "See, this is new?" It has been already in
the ages before us. There is   remembrance of former
things, nor will there be any remembrance of later
things yet to be among those who come after.*

Eclesiastés I, 7-11

*Fate takes pleasure in repetition, variants, symmetries.
Nineteen centuries later, in the South of Buenos Aires
province, a gaucho is attacked by other gauchos and, as
he falls, recognizes a godson and with gentle reproach
and gradual surprise exclaims (these words must be
heard, not read), "But che!" He is being killed and
never knows he dies so that a scene may be re-enacted.*

Jorge Luis Borges

La desnudez también es un disfraz.

Un pájaro desnudo es un caracol que sueña.

La música desnuda es un reflejo
en un charco que no observa nadie.

La claridad desnuda es una niña sin brazos.

La oscuridad desnuda no es la paz, sino su rostro.

Un árbol desnudo son tres pájaros y el fuego que los dora.

Una parvada ya desnuda es una nube.

Una mujer desnuda es su disfraz.

La soledad desnuda es un animal insomne.

Una verdad desnuda es un montón de huesos.

Nakedness is also a disguise.

A naked bird is a snail that dreams.

The naked music is a reflection
on a puddle that no one sees.

The naked clarity is a girl with no arms.

The naked darkness is not peace, but its face.

A naked tree is three birds and the fire that gilds
them.

A flock already naked is a cloud.

A naked woman is her own disguise.

The naked loneliness is a sleepless animal.

A naked truth is a pile of bones.

Ecos

Mordida por su edad
mi abuela le habla al anterior
que la vio por mis ojos:

¿No te dolió jamás
dejarme así, con cinco niños?
¿No nos pensabas nunca?

Me siento culpable del silencio
que mi rostro, antes de mí, guardó

pero le aclaro: amor, yo soy tu nieto,
el primer hijo de tu hijo menor,

soy el que vive lejos.

Ya decía yo, me dice, *que no tenía sentido*
que yo fuera una vieja
y tú siguieras igual.

Me abraza con alivio,
como si esa conversación
entre nosotros
acabara

pero sucederá, como es costumbre,
la siguiente vez que nos veamos.

Echoes

Bitten by her age
my grandmother talks to the previous one
that saw her through my eyes:

Didn't it ever hurt you
leaving me like this,
with five children?
You never thought about us?

I feel guilty of the silence
that my face, before myself, kept

but I clarify: my love, I am your grandson,
the first child of your youngest son,

I'm the one who lives far away.

I was going to say she tells me,
that it didn't make sense
that I was so old
and you remain the same.

She hugs me with relief,
as if this conversation
between us
was over.

But it will happen, as usual,
next time we see each other.

El amor igual es un disfraz, es una luz
que hace de azúcar lo metálico de ti, de tu saliva.

Todo el amor es un disfraz desnudo.

Es un disfraz sin párpados, atónito, el amor.

Es un disfraz mirándose al espejo.

Todo el amor está mirándose
en los ojos del que observa al otro
en las alfombras de las casas
de las que hay que irse
sin despertar a nadie.

Todo el amor es un disfraz
de piel dejado por sí mismo
durmiendo en una alcoba.

Sólo el amor
es verdadero al tacto.

Love is also a disguise; it is a light
that sweetens the metallic parts of you, of your
saliva.

All love is a naked disguise.

A disguise with no eyelids, astonished, is love.

It's a disguise looking at itself in a mirror.

All love is looking at itself
in the eyes of he who looks at another
on the carpets of houses from which
it's necessary to leave
without waking anyone up.

All love is a disguise made out of skin
forgotten by itself, sleeping
in a room.

Only love
is true by touch.

DEL PLACER

> *[...] la palabra placer abarca realidades contradictorias, comporta a la vez las nociones de tibieza, dulzura, intimidad de los cuerpos, y las de violencia, agonía y grito.*
>
> Margarite Yourcenar

Como el sonido a la cuerda,
tensa el placer la mano
de quien sostiene un filo.

Tensa el placer la mano
del que asfixia:

abre el placer la boca.

Abre el placer la boca,
dice nombres, dice
misas negras:

abre el placer los ojos
que miran un cadáver

abre el placer los ojos

y nos mira, oscuras bestias,
abandonándonos a todo
lo que abre.

On pleasure

> *[…] the word for pleasure covers contradictory*
> *realities comprising notions of warmth, sweetness,*
> *and intimacy of bodies, but also feelings of violence*
> *and agony, and the sound of a cry.*
>
> Margarite Yourcenar

Like sound does to the string,
pleasure tightens the hand
of he who holds a blade.

Pleasure tenses the hand
of he who asphyxiates:

pleasure opens its mouth.

Pleasure opens its mouth
and says names, says
black masses:

pleasure opens the eyes
staring at a corpse

pleasure opens the eyes

and looks at us, dark animals
abandoning ourselves
to all it opens.

DE LA MEMORIA

I

Lejos de casa me parece ver gente del lugar que dejé atrás repetida en personas del sitio en el que estoy. Pasado el tiempo esos reflejos han terminado por persuadirme de que he visto, o vislumbrado, una verdad: todos los hombres y todos los instantes son la repetición de otro.

Sabiendo esto, a veces emprendo la aventura de observar objetos o lugares desde una memoria ajena, para llenarlos de un significado que no me pertenece sentir.

Por ejemplo, un árbol desde la memoria de mi abuelo, que pasó su infancia en un pueblo de grandes patios, es distinto y cercano, cargado de memorias táctiles y olores, de melancolía.

A veces desde la memoria de mi abuela, que vivió allí cuando era niña, observo a la iglesia de San Sebastián y me sorprende que la ermita sea tan distinta y menor, tan más pequeña de lo que fue en mi infancia, pero que la fresca humedad de sus paredes sea la misma.

El olor de ciertos condimentos hunde a mi madre en un silencio blando que, visto desde la memoria de mi hermana, es fuente de una ternura infinita.

A veces quiero ver el patio de mi casa desde la memoria de un pájaro.

On memory

I

Away from home sometimes I believe I have seen people from the place I left behind repeated in people of the place I am at. Over time, these reflections have persuaded me that I have seen, or glimpsed, a truth: all men and all instants are the repetition of another.

Knowing this, sometimes I embark on the adventure of observing objects or places from someone else's memory, to fill them with a meaning that does not correspond me to feel.

For example, a tree from the memory of my grandfather, who spent his childhood in a village of large courtyards, is different and close, full of tactile memories and smells, of melancholy.

Sometimes from the memory of my grandmother, who lived there as a child, I observe the church of San Sebastian and I am surprised that the hermitage is so different and small, so much smaller than it was in my childhood, but that the fresh humidity of its walls remains the same.

The smell of certain condiments plunges my mother into a soft silence which, seen from the memory of my sister, is the source of an infinite tenderness.

Sometimes I want to see the backyard of my house from the memory of a bird.

II

Pero el olvido es otra forma de ocultarnos, de nacer.

Quiero mirarte sin saber quién eres.

Quiero escuchar como si fuera nueva
música olvidada: sonata repetida hasta el cansancio.

> Dijiste algo. ¿Lo recuerdas?
> Yo recuerdo.
>
> Era una enredadera.
>
> Tocaste algo. ¿Lo recuerdas?
> Yo recuerdo.
>
> Eran tus ganas de llorar a oscuras
>
> Miraste algo. ¿Lo recuerdas?
> Yo recuerdo.
>
> Era un caballo caminando por tus sienes.

Todo el olvido se acurruca entre tus pies
como animal herido.

II

But oblivion is another way of hiding us, of being born.

I want to look at you without knowing who you are.

I want to listen to forgotten music
as if it was new: a sonata repeated to exhaustion.

> You said something. Do you remember?
> I remember.
>
> It was a climbing plant.
>
> You touched something. Do you remember?
> I remember.
>
> It was your urge to cry in dark.
>
> You saw something. Do you remember?
> I remember.
>
> It was a horse walking through your temples.

All oblivion curls between your feet
like a wounded animal.

III

Luego de todo ya no sé tu nombre pero sé que me ha
[mordido.

Nacer es la otra forma de ocultar la cicatriz, de ser de
[polvo.

Olvidar no es una página vacía sino un templo en la
[noche, una enredadera.

Todo el olvido es regresar la inocencia, es desdoler.

Todo el olvido se nos queda entre las manos como un
[montón de abejas
y reímos disfrutando, sin saber qué pasa.

III

After all, I don't know your name anymore, but I know it
                                        [has bitten me.

Being born is another way of hiding the scar, of being
                                        [dust.

Forgetting is not an empty page but a temple at night, a
                                        [climbing plant.

All oblivion is going back to innocence, is to un-hurt.

All oblivion stays in our hands like a heap of bees
and we laugh and enjoy, understanding nothing.

¿Pero decirte
no es hacer otro disfraz?

¿No es alejarte del silencio
que te preña?

El arte es un niño con ganas de correr,
disfraz alucinado,
ciego desnudo,
la esperanza de morir de frío.

Todo poema es el brillo
de una estatua de hielo
frente al sol.

But, isn't uttering you
making another disguise?

Isn't it taking you away from the silence
that impregnates you?

Art is a child that wants to run,
hallucinated disguise,
naked blind man,
the hope of freezing to death.

Every poem is the glow
of an ice statue
under the sun.

BALADA SIN PRINCIPIO

El relámpago, al surgir
muestra las venas del cielo.

Muchacha nueva, revela
tus arterias: son el cantar
de las repeticiones: trazo del agua
y del andar de las hormigas
sobre futuras grietas.

Muchacha nueva,
en tus muñecas danzan
el relámpago, la rama,
el dibujo del río,
el desierto y sus venas,
las líneas de la piel,
la lengua seca.

(Todo arquetipo es el inicio de una repetición,
el nacimiento de un eco.)

Muchacha nueva, mírate:
                          aconteces.

La dura miel es luminosa
como el ámbar,
dulce como la luz. Callada es la manera
en que la sangre sube
y amaneces
o te ocasas.

Tus pies son del sabor de cierto acorde triste

Beginningless ballad

The lightning, upon arising
displays the veins of the sky.

New maiden: reveal
your arteries: they are the singing
of the repetitions: water stroke
and walking of the ants
on future cracks.

New maiden,
in your wrists dance
the lightning, the branch,
the drawing of the river,
the desert and its veins,
the lines of the skin,
the dry tongue.

(All archetype is the beginning of a repetition,
the birth of an echo.)

New maiden, look at yourself:
                              you are happening.

Hard honey is luminous
like amber
and sweet as the light. Quiet is the way
in which blood rises
and you sunrise
or sunset.

tocado por las manos de una niña negra
en un piano ficticio, una tarde sin luna.

Tu voz, lento acertijo,
es inexacta como el ojo de los viejos,
total como desesperanza.

Tu silencio es un pez
cortando la negrura,
un lagarto en la noche,
una mujer sonámbula.

Tu nuca es una danza, reflejo
de sí misma.

Your feet have the taste of a certain sad chord
played by the hands of a dark skinned girl
on a fictitious piano, on a moonless afternoon.

Your voice, slow riddle,
is inaccurate as the eye of the old,
absolute as hopelessness.

Your silence is a fish
cutting the blackness,
a lizard at night,
a sleepwalking woman.

The nape of your neck is a dance, reflection
of itself.

Tu vientre es un disfraz
de música sagrada, de permanente luz.

Tu cuerpo no eres tú
sino la trascendencia. Eres un túnel
que se abre desde ti, que de ti parte
hasta la oscuridad de un teatro abandonado
en que respiran los instrumentos de una orquesta
sinfónica.

Tu cuerpo es una forma de la música. Es el disfraz
de todo lo invisible.

Your womb is a disguise
of sacred music, of permanent light.

Your body is not yourself
but transcendence. You are a tunnel
that opens from you, that departs from you
into the darkness of an abandoned theater
in which the instruments of a symphony orchestra
are breathing.

Your body is a form of music. It's the disguise
of everything invisible.

¿Qué ocultas tú, deseo, en tu estampida de sangre, si no las ansias de volver a unirnos con todo lo que somos? ¿Qué son tus ramos y tus pétalos si no la voluntad de regresar a ese silencio anterior y posterior a la carne que provocas?

¿Qué son tus labios y tus uvas y tu piel si no nosotros esperando que al morderte algo se vuelva nuestro, que al entrar o recibir algo se junte para siempre, como era en un principio y en la eternidad?

¿Qué cosa eres, tú, deseo, si no la forma buscándose a sí
[misma?

Todo deseo es la intención de prenacer,
de postmorir, de unificarse.

La realidad es un disfraz del todo.

What are you hiding, desire, in your stampede of blood, if not the urge of reuniting us with everything we are? What are your bouquets and your petals, if not the will to return to that silence prior and subsequent to the flesh you tease?

What are your lips and your grapes and your skin if not us, hoping that on biting you something will become ours? That, by entering or receiving, something will be reunited forever, as it was in the beginning and in eternity?

What are you, desire, if not the form searching for itself?

All desire is intention of pre-birth,
of post-death, of unification.

Reality is a disguise of the whole.

¿Detrás de la belleza, Corazón, qué rostro vive?

Belleza no es disfraz
sino algoritmo, operación
del cosmos. Interfaz entre mis manos y
lo que has perdido, Corazón, lo que buscamos.

Belleza es la evidencia de un lugar
anterior al nacimiento y posterior a la muerte.

La cuerda tensa entre un silencio y otro.

La belleza, Corazón, es trascendencia palpable. Es el
                                         [disfraz
más fugitivo de lo eterno.

Belleza son los cardos inocentes
bajo la lluvia anciana,
belleza el monte, los cometas,
la galaxia,
tu piel de piel pretérita y futura,
belleza es tu disfraz,
tu máscara de ahora.

Behind beauty, my Heart, which face lives?

Beauty is not a disguise
but an algorithm, an operation
of cosmos. Interphase between my hands
and all you have lost, my Heart, all that we are looking
[for.

Beauty is the evidence of a place
prior to birth and subsequent to death.

The tense string between one and another silence.

Beauty, my Heart, is tangible transcendence. It's the most
[fugitive
disguise of the eternal.

Beauty is the innocent thistles
under the ancient rain,
beauty is the mounts, the comets,
the galaxy,
your skin made out of preterit and future skins,
beauty is your disguise,
your current mask.

DECLARACIÓN DE AMOR

En tu cuerpo está el placer
como en el cuchillo la muerte.

Eres directa y sola, simple
como tu arquetipo
y sin embargo
nueva.

Tu numerosa piel
estuvo en el espejo
de todos los que fuimos,
de los que ya serán.

Y sin embargo, Corazón
hoy no hay tristeza
en nuestra repetida fuga:

esta ilusión de novedad nos basta.

Declaration of love

Pleasure is within your body
like death is within the knife.

You are direct and alone, simple
as your archetype
and yet
you are new.

Your numerous skin
was in the mirror
of all of us who have been,
of all of those who will be.

However, my Heart
there is no sadness today
in our repeated fugue:

this illusion of novelty is enough.

FUGA

Kyrie, Berliner Messe, Arvo Pärt

La noche
el polvo
el ignorante mar
lo hermoso cotidiano
la sangre indiferente

la desnudez despierta
la enternecida luz
el odio
la vergüenza
las derrotadas calles

el caminar de un perro
la atadura
el hambre
la flama y los incendios
las bibliotecas hembra

las manos
el Demonio
la caridad de algunos
la rústica llovizna
la voluntad del no

el parque
la terraza
el niño que no somos
las ganas de acabarnos
van dejándote,

lector.

FUGUE

Kyrie, Berliner Messe, Arvo Pärt

The night
the dust
the oblivious ocean
the ordinary beautiful
the indifferent blood

the awakened nudity
the tender light
the hatred and the shame
the defeated streets

the walking of a dog
the bandage and the hunger
the flame and the fires
the female libraries

the hands
the devil
the charity of some
the rustic drizzle
the will of negation

the park
the terrace
the child we aren't
our desire to end
are leaving you,

my reader.

Réquiem

Como la primera, la presente sección de este
libro debe leerse escuchando *Für Alina,* de
Arvo Pärt

Nace una flor
a los pies del ahorcado.

Cierta y serena, la flor
se adentra y se prolonga en el silencio
donde que nace y nos unifica.

Muerte,
nos regresas al lugar del no-sonido,
nos ocupas desde dentro de tu tiempo
del tic tac del corazón
hasta el espacio porque eres, muerte mía,
el silencio entre los dos latidos.

Requiem

Like the first one, the current section of this
book should be read while listening to *Für
Alina,* by Arvo Pärt

A flower blooms
at the feet of the hanged man.

True and calm, the flower
ventures and extends itself into the silence
in which it is born and which unifies us.

Death,
you take us back to the place of no sound,
you inhabit us from inside your time,
from the tick tock of the heart
to the space, because you are, my death,
the silence between two heartbeats.

No eres nuestra, Muerte, no eres nuestra.
Son de ti nuestra amargura y calma,
somos tuyos.

Desnudadora
nos quitas los disfraces.

Abres la puerta del reloj en nuestro pecho
y una gaviota
se regresa al mar.

Su canto no hace ruido.

¿Adónde me regresas, muerte mía?

You are not ours, Death, you are not ours.

Our bitterness and calm belong to you;
we are yours.

You, the undresser,
take our disguises off.

You open the door of a clock within our chest
and a seagull
goes back to the ocean.

Its song is noiseless.

Where are you taking me back to, my death?

¿Adónde me regresas?

Yo estuve en un silencio
antes de los disfraces
y ahora surges, Muerte,
con tu andar de pez,
tu canto de sonámbulo,
tu luz de girasoles en una habitación oscura.

Me surges toda y tú también
tienes disfraces: arcos de luz,
de iglesia y cementerio.

Tus rostros son el mar
la mano del suicida
la voz del asesino
el accidente y el amor
la enfermedad
el vino de los otros y su muerte ajena
dentro de nosotros, como la voz
los que no nacieron,
la voz de las palomas
transparentes
como el hambre o la sed
como el disfraz del fuego,
como el cuerpo
que parece no morir.

Tus rostros, muerte mía, son también
el mar de las repeticiones.

Where are you taking me back to?

I was within a silence
before the disguises
and now you emerge, Death,
with your walking of fish,
with your song of sleepwalker,
with your light of sunflowers in a dark room.

You emerge within me and you also
have disguises: arches of light,
of churches and cemeteries.

Your face is the ocean
the hand of the suicidal
the voice of the murderer
the disease
the wine of others and its alien death
within us, like the voice
of the unborn, the voice
of pigeons that are transparent
like hunger or thirst
like the disguise of fire
like the body
that seems to never die.

Your faces, my death, are also
the ocean of the repetitions.

En la hermosura, Corazón, en la hermosura está la muerte
ardiendo. De nosotros a los cuerpos el deseo cabalga y de
los cuerpos, desde dentro de los cuerpos a nosotros, la
muerte está mirando, mirando y avanzando,
                                        pájaro de aire.

Llenas de muerte la manzana fresca
y la muchacha desnudada. Llenos de muerte
los muslos del muchacho, la piel de los que sudan,
los disfraces del fuego.

Llena de muerte toda la belleza.

Within beauty, my Heart, inside the beauty is death, burning. From us to the bodies desire is riding, and from the bodies, from within the bodies to ourselves death is watching, watching and coming forward,
                    bird made out of air.

Full of death are the fresh apple
and the undressed maiden. Full of death
are the boy's thighs, the skin of those who sweat,
the disguises of fire.

Full of death is all beauty.

¿Hubo otra muerte antes de ti, mi muerte?

¿Hubo otra danza de caballos y jazmines,
otra manada de gladiolas, otra luna?

¿Hubo otro despedirse?

Hay una sola
muerte natural: el nacimiento.

Was there another death before you, my death?

Was there another dance of horses and flowers,
another herd of gladioli, another moon?

Was there another farewell?

There is only one
natural death: being born.

Lleno de ti, mi muerte,
siento en mis venas
transparentes pájaros.

Tu vuelo subterráneo me sujeta.

Algo se rompe,
pero no eres tú.

Full of you, my death
I feel transparent birds
within my veins.

Your underground flight holds me.

Something breaks,
but it isn't you.

Cuaderno de los sueños

(2009)

NOTEBOOK OF DREAMS

(2009)

A Inés, la verdadera.

*¡Eh! —exclamó de pronto—. No sé si te haya
ocurrido lo mismo que a mí; pero a mí se me
ocurre que esto que ahora hemos sentido, tal vez
haya sido escrito. Después de todo, ¿por qué no
habría de ser así?*

Salvador Elizondo, *El hipogeo secreto*

To Inés, the true one.

Hey —he exclaimed suddenly—. I don't know if what happened to you was the same thing that happened to me; but it's occurred to me that what we felt just now may have been written before. After all, why wouldn't it be so?

Salvador Elizondo, *El Hipogeo Secreto*

Escribe. Avanza con mi voz
para decirme todo sobre ti.

Acércate y repite: *Por lo cruel
de nuestras dos naturalezas*, y aléjate.

Vete lejos.

No me permitas
apropiarme de tu nombre.

No admitas tu belleza: búrlate, desmiente.

Desnuda la poesía y abandónala. Maltrátala
como a nosotros. Agárrame la mano
pero nunca me rescates.

Díctame y escucha cómo te descubro,
te construyo y te acaricio con tu propia mano
que es la mano con que escribo,

Mía lejana.

Write. Come with my voice
to tell me everything about yourself.

Come close. Repeat after me: *because of the cruelty
of our two natures,* and go away.

Go far away.

Do not let me
take possession of your name.

Do not admit your beauty: make fun of us, expose
our lies.

Strip poetry naked and abandon her. Mistreat her
as you do to us. Hold my hand
but never rescue me.

Dictate to me and listen to how I discover you.
I construct and caress you with your own hand
which is the hand with which I write,

Mía, my distant one.

Mía,

hoy me he plantado
al centro de la hoja
para dejarle surcos
que se abren al acento
para que surjas tú:

Olor de miel, abierta cicatriz.

Estar aquí, Amor
es contemplar
cómo te sales de mis venas
interminablemente
por esta línea, flor y verso
en que te nombro.

Mía,

today I placed my self
in the center of the page
to mark it with furrows
that open themselves to the accents
for you to arise:

Smell of honey, open scar.

To be here, Love
is to contemplate
how you come out my veins,
endlessly
through this line, flower and verse
in which I name you.

Es buena idea —dijiste en este parque— aunque no sea tuya. Es un nombre utilizable porque alude a una relación en lugar de a una persona… pero a veces eres tan tonto, Manuel. No puedes distinguir. Pero es tu libro y yo ni tu lectora soy, porque el libro no existe todavía. Sin embargo es una buena idea, ese nombre está bien. Nada más bien porque sólo eso existe.

It's a good idea —you said in this park— even if it isn't yours. It's a useable name because it alludes to a relationship instead of a person... but sometimes you are such a fool, Manuel. You can't make distinctions. Anyway, it's your book and I'm not even your reader, because this book doesn't yet exist. But it is a good idea, that name is good. It is just good because only that exists.

Por encontrarte Mía por decirte
anduve solo de Catulo al alba
de Lautremont al pájaro
de Rilke hasta el grafiti
                              visité
las camas de los viejos el amor del asesino
los muslos intocados y la lengua que los lame
por la fuerza

y fui la herida y el golpe
el narrador y el diablo fui
la descripción de todo lo que existe
la fealdad   el que la bebe
con placer
de dos hermanos bellos

pero tu cuerpo Amor no ha sido dicho No estás
en Bonifaz ni tus mejillas se encendieron
por la luz de Caravaggio el amor
de Fra Filipo
tú no estás en Mingus
ni en la rumba
ni en la sangre que se agolpa
cuando el sudor se apaga.

    Tu belleza no existía.

Es la primera vez que alguien te dice
y yo soy el que ama por primera vez.

Because I found you, Mía, because I speak to you
I walked alone from Catullus to the dawn
from Lautremont to the birds
from Rilke to the graffiti
                              I visited
the beds of the old men the love of the murderer
the untouched thighs and the tongue that licks them
by force

and I was the wound and the blow
the narrator and the devil I was
the description of everything that exists
the ugliness   the one who drinks it
with pleasure
of two beautiful siblings

but your body   Love   has not been spoken   you
aren't
in Bonifaz   nor are your cheeks lit
by the light of Caravaggio   the love
of Fra Filipo
you are not in Mingus
nor in rumba
nor in the blood which beats through the body
when sweat finishes.

         Your beauty didn't exist.

It is the first time that anyone has spoken you
and I am he who loves for the first time.

Aparición

> *No creas que te estoy requiriendo,*
> *Ángel. Aún si lo pretendiese, nunca vendrías;*
> *pues mi llamado queda siempre lejos.*

Rilke, *Elegías de Duino*, VII

I

Desprecias destruirme. Tu carne
adquiere —frente a mí— un calor
menos mortal. Afirma
el corazón su doble miedo
de mirarte y de abstenerse. Temor
de ojos mortales.

Suelto la voz
y agradezco tu vestido: que no ilumines
con tu piel terrible
mis defectos todos,
que no me arrastres a morir de luz.

II

Deviene tu presencia, acude
a sílaba de carne y de lamento
para insinuar tus pies
cuando te invoco
               atrevimiento
concebido desde antes
de que sepas

Apparition

> *Don't think that I'm wooing you.*
> *Angel, and even if I tried to, you wouldn't come.*
> *For my call*
> *never comes close to you*

> Rilke, *Duino Elegies*, VII

I

You refuse to destroy me. Your flesh
acquires —in front of me— a less mortal
heat. My heart
attests to its twofold fear
of looking at you and of not looking at you. Fear
of mortal eyes.

I loosen my voice
and am grateful for your dress: that you don't shine
the light of your terrible skin
on all my defects,
that you're not leading me to a death from light.

II

Become your presence, come
to syllables of flesh and lamentations
in order to suggest your feet
when I call your name
                              daring
imagined before

—hermosa más que el Ángel
y como él terrible—
que vas a marchitarte.

III

Perhaps you are confused, perhaps
eternal, the sound of your feet
has made the evenings silent
and your womb's hiding
brought the night.

In any case, Angel of flesh
Light of flesh, Skin of flesh
I can't resist
your nakedness which is the beginning
and end of everything: the eternal is too much.

Your presence, if mortal, is a flame
that consumes everything: naked you are lethal,

and you aren't listening to me.

IV

I am not calling you, clear flame
because I don't sing in the tones needed to reach your
ears
and because my words —the best of them—
burn to ash upon brushing against you
                                        and although
                    I know

you were aware
          —more beautiful than the angel
          and as terrible—
that you are going to wilt.

III

Quizá estás confundida, quizá
perenne, el ruido de tus pies
ha hecho callar las tardes
y tu vientre al ocultarse
provocó la noche.

De cualquier forma, Ángel de carne
Luz de carne, Piel de carne
no puedo resistir
tu desnudez de antes
y después de todo: lo eterno es demasiado.

Tu presencia, si mortal, es una flama
que todo lo consume: desnuda eres letal,

y no me escuchas.

IV

No estoy llamándote, flama clarísima
porque no canto en tono necesario para tocar tu
oído
y porque mis palabras —las mejores—
se calcinan al rozarte
                    y aunque sé

por la verdad
por la distancia
por lo cruel
de nuestras dos naturalezas
que este poema jamás va a llegar a ti
lo arrojo hacia tu piel,

lo doy al fuego.

because of the truth
because of the distance
because of the cruelty
of our two natures
that this poem will never reach you
I throw it towards your skin,

I give it to the fire.

No seas ridículo, hablante. ¿A quién le gustaría
que la llamen Mía? Me pertenezco
de maneras menos obvias
y mi nombre es Inés. Me llamo Inés
y tengo voz en este asunto.

Este libro no es tuyo
y no me importa lo que diga ella, tu lectora
(ciertamente es tu lectora) que no había
llegado a esta línea
porque no la habías escrito
cuando dijo eso: *ni tu lectora soy*.

Este verso no es tuyo, Manuel Iris, no seas infantil.

No sabes escribir y no tienes derecho
de nombrarme.

Don't be ridiculous, speaker. Who would like
to be called Mía? I belong to myself
in less obvious ways
and my name is Inés. I call myself Inés
and I have a say in this matter.

This book isn't yours
and I don't care what she, your reader, says
(she is certainly your reader) who had not read
read this line
because you hadn't written it yet
when she said it: *I'm not even your reader*.

This poem isn't yours, Manuel Iris, don't be
childish.

You don't know how to write and don't have any
right
to name me.

Mi aliento se detiene. Estoy alerta: los vocablos intentan destruirme. Han realizado una conflagración. Continuo: *los muslos intocados y la lengua que los lame...*pero esa línea ha sido escrita en contra de mi voluntad. Quiero decir: *hacía más ancho y más profundo el ámbito...* paro de nuevo. Es mío el aliento del que salen sus palabras.

I stop breathing. I am on guard: the words mean to destroy me. The words have made a conflagration. I continue: *the untouched thighs and the tongue that licks them…* but that line was written against my will. I want to say: *made broader and more profound the context…* I stop again. It's my breath from which her words emerge.

Los ángeles no existen. Yo soy de letras
y no puedo vulnerarte,
aunque lo hago.

No paras de mentir, malabarear
esa retórica fundada *en nuestras dos naturalezas*
y alejarme, quitarme voluntad.

¿Qué pasaría si quiero caminar desnuda?

Cuando me vaya al parque de los adolescentes
no quiero verte allí porque no puedes resistirme
y la verdad
no estoy para esas cosas.

Mi carne, aunque palabra
pide carne. Los ángeles no existen.

Me llamo Inés
y tengo voz en este asunto.

Angels don't exist. I am made of words
and can't hurt you,
though I do.

You never stop lying, juggling
that rhetoric founded *in our two natures*
and pushing me away, sapping my will.

What would happen if I wanted to walk around naked?

When I go to the teenagers' park
I don't want to see you there because you can't resist me
and honestly
I am not in the mood for this.

My flesh, though made of words
asks for flesh. Angels don't exist.

I call myself Inés
and I have a say in this matter.

DE LA ESCRITURA

Ángel esbelto y ágil, resbalado
desde la luz al sueño que lo espera.

Rubén Bonifaz Nuño

I

Pero qué hermoso
y qué improbable el sueño
en el que surges, Ángel
sin tus alas.

Pero también
qué sueño y qué terrible
es que te leas
cuando vas naciendo.

II

Qué cierta y qué terrible es la palabra
la hoja en blanco
la ocasión
en la que vienes a posar para tu propia luz
para tu piel
para la voz
en este verso
que no escuchas.

ON WRITING

> *Angel, slim and agile, slipped*
> *from the light to the dream that waits for him.*

> Rubén Bonifaz Nuño

I

But how beautiful
and how improbable is the dream
in which you appear, Angel
without wings.

      But also
how dream-like and how terrible
is that you can read yourself
while you are being born.

II

How true and how terrible is the word
the blank page
the occasion
on which you come to pose for the good of your
own light
for your skin
for the voice
in this poem
        that you are not listening to.

III

Qué solo es tu silencio, Ángel.
Tu piel siempre de paso
de una voz a otra, de un vocablo
hasta la carne
que te da mi sueño.

III

How lonely is your silence, Angel.
Your skin always passing
from one voice to another, from one word
to the flesh
that my dream gives you.

En un momento de cacería retórica
para decir exactamente cómo eres
mi verbo hacía más ancho y más profundo el
ámbito
en que tu luz habría de posarse
como en un molde antiguo.

Pero tu cuerpo no conoce moldes
ni tu piel mi voz
         pues la belleza
no es algo ya encendido
que hoy alumbra desde ti:

Eres la forma, el fuego primitivo
y yo soy el que ama
por primera vez.

In a moment of rhetoric hunting
in order to say exactly how you are
my words made broader and more profound the
context
in which your light would settle
like in an antique mold.

But your body does not know molds
nor your skin my voice
                        because beauty
isn't something already burning
that now shines from you:

You are the form, the primitive fire
and I am he who loves
for the first time.

Me gusta el parque de los adolescentes. ¿Recuerdas esa tarde, cuando nos sacaron? Nos estábamos besando cuando llegó el viejito… siempre has besado así, con esas manos… Ven, vamos al lago y me cuentas más de Mía. La Mía tuya que no se deja escribir.

I like the teenagers' park. Remember that evening, when they threw us out? We were kissing when the old man came by... you always have kissed like that, with those hands... Come, let's go to the lake and you can tell me more about Mía. That Mía of yours that doesn't let you write.

Mirándola dormir

He leído en tu oreja que la recta no existe

Gilberto Owen

Como esta voz, mi lengua busca
el laberinto de tu oreja
y yo te escribo y sé muy bien
que hay algo —hay un lugar— más bello
que tu vientre
aunque jamás lo he visto.

En cambio se revelan
—entrega de la espuma, oseznos de la luz—
tus pies de pan de dulce.

Y no saber el cómo apareciste, no haber vivido
en el momento que tu espalda fue la rosa, abierta luz
de lo que significas.

Afuera escucho algo.

Afuera del poema algo te dice un canto
más hermoso que la piel
pero también más vivo: una caricia: lengua bajo lengua,
sonido bajo letra
en acto de buscarte.

¿En qué momento me has atravesado? ¿Cuándo
 tu luz —incendio, llamarada— se clavó en mi pecho?

Watching her sleep

I have read in your ear that the straight line doesn't exist.

Gilberto Owen

Like my voice, my tongue seeks
the labyrinth of your ear
and I write to you and know very well
that there is something —there is a place— more
beautiful
than your womb
though I have never seen it.

Instead —delivery of the foam, cubs of light—
your sweet bread feet
reveal themselves.

And not knowing how you appeared, not having lived
at the time that your back was the rose, open light
of your meaning.

Outside I hear something.

Outside of the poem a song tells you something
more beautiful than your skin
but also more alive: a caress: tongue underneath tongue,
sound underneath the letters
in the act of looking for you.

When did you pierce through me? When was your light
—fire, burning— nailed to my chest?

Hoy puedo hacer un verso en que no mueras nunca.

Un cáliz, un jarrón, un algo que contenga
vino enloquecido, danza, fruta
lenta
      carne en movimiento
para entrar en otra carne.

Creyente de tu forma, en mi oración
he decidido no ceder al verbo de tu ombligo, a la floresta
del verano en tus pezones, a todos tus aromas.

Hoy no quiero morir: No quiero ver el río
que se aduerme en tus muñecas. No quiero andar
la forma en que te extiendes de tu piel hasta la piel
de todo lo que existe.

Árbol de mí,
estoy llegando a tu región más fértil.

I can write a verse in which you never die.

A chalice, a pitcher, something which contains
a mad wine, dancing, slow
fruit
        flesh moving
to enter other flesh.

Believer of your form, in my prayers
I have decided not to give in to the umbilical cord of your
language,
to the summer flowers of your nipples, to all of your
scents.

I don't want to die today: I don't want to see the river
that sleeps in your wrists. I don't want to walk
the way in which you spread your skin until your skin
is the skin of everything that exists.

Tree of myself,
I am approaching your most fertile region.

Hoy discutimos la dedicatoria. Dice que es obvia dada la composición que (parece) va a tener el libro, aunque hay que ver cómo acaba. No la tomo en serio. Una dedicatoria se escribe con menos escrúpulos que un poema, con menos estructura o sin estructura por completo.

De regreso en mi estudio, he releído algunas partes que me preocupan. ¿Qué es la *Canción,* además de mi fetiche con tus pies disfrazado de algún ritmo, de palabras suaves o suavizadas?

> ...pasó otra vez. Se me olvidó
> con quién estaba hablando.

Today we are arguing about the dedication. She says that it's obvious given the composition (it seems) the book is going to have, although it remains to be seen how it ends. I don't take it seriously. A dedication is written with less scruples than a poem, with little or no structure at all.
Back in my study, I have reread some parts which bother me. What is the *Song*, besides my fetish for your feet disguised in some rhythm, in soft words?

        …it happened again. I forgot
        who I was talking to.

Voy a tomar tu aliento,
a construirme.

Te voy a hacer
feliz y atormentado
en este libro que no acabas de escribir
porque al final, Manuel, eres mi sueño
y vas a hablar de mí, de la floresta
del verano en mis pezones
porque me vas a declarar tu amor.

Voy a soñar mi libro.

I will take your breath,
I will construct myself.

I'm going to make you
happy and tormented
in this book which you can't stop writing
because in the end, Manuel, you are my dream
and you are going to speak of me,
of the Summer flowers of my nipples
because you are going to declare your love for me.

      I will dream my book.

Oh Mía, la primera,
me han apresado tus pequeños ojos. A mí,
que he sido inmune a las demás delicias,
y desde entonces ha cedido mi arrogancia
bajo el peso de tus pies…

No. Todo esto ya fue dicho.

Prefiero entonces ubicarme
frente a mi escritorio
para palpar esta escritura que se abre
como un par de muslos / estos versos
cuyas letras junto con la manos
hasta volverlas un hermoso cúmulo
que se parece a un pubis / a un calor
que no me ha dado la poesía / ese lugar
en que me hundo de placer
a deletrear
la perla de tu forma.

Oh Mía, my first,
your small eyes have caught me.
I have been immune to the other delights,
but my arrogance has given itself up
under the weight of your feet…

No. All of this has already been said.

I prefer, then, to sit myself
at my desk
to feel this writing which opens up
like a pair of thighs/ these verses
whose letters I join with my hands
until they've turned into a beautiful mound
which looks like a pubis/ a heat
which poetry has never given me/
that place where I drown in pleasure
to spell
the pearl of your form.

CANCIÓN

A veces
uno de tus pies
decide ser un pétalo en el agua.

Desciende
con la misma lentitud
con que ha brotado el blanco
en el lirio de cristal

y toca el cielo,
el invertido cielo que se abre
para el vuelo de tu pie.

 La inmóvil calma de su altura
 en el espejo es otra y es la misma.

Entonces acontece,
reflejo y pétalo se acercan
hasta repetirse en ondas

mientras tu pie desciende
como tallo que se eleva
para alcanzar una secreta cúspide.

    Alguna vez el pétalo
    ha domado la quietud:

Te he visto caminar sobre la superficie.

SONG

Sometimes
one of your feet
chooses to be a petal on water.

Descends
with the same slowness
with which whiteness flowers
in the glass lily

and touches the sky,
the inverted sky that opens
for the flight of your foot.

The still calm of its height
in the mirror is both other and itself.

Then it happens,
reflection and petal are drawn close
until they repeat themselves in waves

while your foot descends
like a stem which rises
in order to reach a secret apex.

> Sometimes the petal
> has tamed the stillness:

I've seen you walk on the surface.

Ella es de letras, con mi nombre y todo. No tiene piel ni aroma porque no es real, y yo no tengo praderas ni florestas: no soy literatura. Yo soy de manos, cuello, nalgas. De hambre y de sexo.

Dame la mano, esa con que escribes, y ponla aquí. ¿No sientes que palpito?

Hagamos el amor.

She is made of letters, with my name and everything. She has no skin or scent because she isn't real, and I have no meadows or flowers: I am not literature. I am made of hands, neck, buttocks. Of hunger and sex.

Give me your hand, the one you write with, and place it here. Don't you feel the heartbeat?

Let's make love.

En sus rodillas el *Cuaderno de los sueños* descansaba como un gato. El aire habitual en esta época arrastraba las hojas y ondulaba el lago, pero parecía respetar el manuscrito, cuyas páginas no volaban.

De pronto dijo, dejando de leer: *Nosotros somos los soñados. Observa bien cómo ahora mismo el viento, por un capricho de Mía, ha decidido no volar las páginas en las que aparecemos para que un lector, soñado también por ella, pueda conocernos y justificarlo todo. Por ese encuentro improbable este libro que no acaba de escribirse. Incluso tu intención frustrada de cantar el Ángel, su absoluta perfección, no es otra cosa que un capricho suyo. Ahora lo sé. Tengo muy claro que esto no es un parque sino el final de un párrafo, un conjunto de vocablos en un sueño inconcluso.*

In her lap, the *Notebook of Dreams* lay like a cat. The wind typical of this season was rustling the leaves and rippling the lake, but it seemed to respect the book, whose pages didn't turn.

Suddenly, she stopped reading and said: *We're the dreamed ones. Look, note how the wind right now, through a whim of Mía's, has decided not to turn the pages in which we appear so that a reader, dreamt also by her, can know us and justify everything. It is because of this unlikely encounter that this book can't finish writing itself. Even your frustrated intention of singing the Angel, its absolute perfection, is nothing more than a whim of hers. Now I get it. It's very clear that this isn't a park but rather the end of a paragraph, a collection of words in an unfinished dream.*

Si existe algo más allá de tu belleza
mi palabra te conserve. No pierdas juventud.

Que sea tu dulce eternamente piel.

Espina de la flama
sana mis heridas
Memoria de la espuma
reduce tu cauce
Barco anochecido
ahoga mis senderos
Antorcha de la siembra
siega tus frutos
Callejón a solas
aguarda tu final
Ave de esperanza
ignora tu destino
Placenta azucarada
contenme de la muerte

If there is something beyond your beauty
may my word conserve you. Do not lose your youth.

May your sweetness eternally be skin.

Splinter of flame
heal my wounds
Memory of foam
lighten your course
Darkened ship
drown my paths
Torch of sowing time
reap your fruits
Lonely alley
wait for your end
Bird of hope
ignore of your fate
Sugary placenta
keep me from death

Voy a zarpar
        desde el olvido de tu nombre
hasta beber tu origen.

I'm going to set sail
                from forgetting your name
to drinking your origin.

Caudal de luz, lejana
de mi verbo
      estanque
de belleza
      manantial
de mi dolor
que los hombres beberán por varios siglos.

Oh Mía imperturbable, que todas más hermosa
(Lizalde, con tu venia; mil disculpas, Bonifaz)
estoy aquí para dejar memoria
de la forma tuya   Para decir tus pies
que el mar aplacarían tu andar de corredor
en que florecen las estatuas

Te voy a sostener en las columnas de mi canto

y luego ya
lejana de la muerte
me verás caer
y no querrás –no habrá porqué
darme tu ayuda.

Fountain of light, far
from my language
            pond
of beauty
spring
of my pain
from which men will drink for several centuries.

Oh imperturbable Mía, who is more beautiful than
every woman
(Lizalde, with your permission; a thousand
apologies, Bonifaz)
I'm here to set to memory
of your form   to speak your feet
which can calm the sea   your running gait
in which statues bloom.

I will hold you up with columns of my song

and then
already far from death
you will see me fall
and you will not want —there won't be any reason
to give me your help.

Escribo un libro de diversas voces y se lo muestro a Inés, una tarde con viento. El manuscrito se titula *Cuaderno de los sueños* y resulta ser, por un azar o voluntad que no comprendo, el mismo *Cuaderno de los sueños* firmado por Manuel Iris que ahora el lector inútilmente descifra, lo cual confirma mis sospechas.

Inés está muy seria, silenciosa. Se ha dado cuenta de que estamos en un libro que es un sueño que otro ser soñado lee haciendo todo aparentemente más real, por las hojas impresas. Me mira y dice cosas cuatro páginas atrás. La dejo hablar y observo su cabello, sus pies que amo y la imagino desnuda, recostada.

Dejo la pluma. Salgo de mi estudio por un vaso con agua. Al caminar por nuestra habitación abro la puerta: duerme con un seno fuera de la sábana. En el estudio, sobre el escritorio descansa como un gato el *Cuaderno de los sueños*, que ahora corrijo y que también ahora tiene enfrente el lector. Sigo escribiendo y afuera suena el aire, las hojas arrastradas.

I am writing a book of different voices and I show it to Inés, one windy afternoon. The manuscript is titled *Notebook of Dreams* and it turns out to be, by chance or by a will I don't understand, the same *Notebook of Dreams* penned by Manuel Iris that the reader is now futilely trying to decipher, which confirms my suspicions.

Inés is being very serious, silent. She has realized that we are in a book that is the dream of another dreamed person, whose reading makes everything seem more real because of the printed pages. She sees me and says things four pages back. I let her talk and observe her hair, her feet, which I love, and imagine her reclining, nude.

I put down my pen. I leave my study to get a glass of water. I walk by our bedroom and open the door: she is sleeping with a breast outside the sheet. In the study, resting like a cat on the desk is the *Notebook of Dreams* which I'm now revising and which the reader now has in front of him. I continue writing, and outside, I hear the wind, the leaves being dragged along.

No quiero discutir, Inés. No me aconsejes.
Mía no es de nadie, pero este libro sí.

> Me respondiste
> con un silencio eterno
> y revolvías el agua con el pie.

I don't want to argue, Inés. Don't give me advice.
Mía doesn't belong to anybody, but this book does.

> You responded to me
> with an eternal silence
> and stirred the water with your foot.

Está soñándote, pero no es mala. Mira: se ha dedicado el
libro a sí misma. Admite al menos su sentido del humor.
Tiene mi nombre

     y tiene voz en este asunto.

          ¿No has entendido?

She is dreaming you, but she isn't evil. Look: she's dedicated the book to herself. At least admit her sense of humor. She has my name
     and a voice in this matter.

               Have you not understood?

Tocar al Ángel
y que siga siendo Ángel
será el poema.

Tocar tus muslos, Mía
y que te guste. Abalanzarme
sobre el fuego más frutal
que arome por tus ingles
para salirme del estudio en que te escribo
y observarte caminar sin la menor literatura
también
será el poema:

>   Ir a buscar la flor
>   que no florece en verso
>   y despertar, Amor, del libro en el que estamos.

Que se haga carne
la palabra de tu nombre.

Touching the Angel
that continues being the Angel
will be the poem.

Touching your thighs, Mía
and that you like it. Pouncing over
the most fruitful fire
which smokes from the inside of your thighs
in order to remove myself from the study in which
I write you
and to observe you walking without any literature
whatsoever
will also
be the poem.

       Go searching for the flower
       that doesn't bloom in verse
       and wake, Love, from the book in which
we are now in.

Let the word of your name
be made flesh.

Has caminado, Inés, por este verso
al ir hacia la casa. Todo a tu paso
es siempre tan real como las piedras,
los labios y la muerte.

¿Sabes? Anoche sorprendí a tu gato Artemidoro
mirándome pensar.

El silencio que es su cuerpo en movimiento
se ha quedado suspendido, contemplándome
desde sus ojos ya posados, como él
sobre mis libros viejos.

No quise molestarlo y he salido
a imaginar qué sientes cuando ves las calles que haces

[existir

sin que los otros sepan
que das razón al mundo, que lo has dotado
de lugares y de aromas, que has sido siempre tú.

Más silencioso que su propia sombra
Artemidoro me seguía como preguntando algo
y cuando regresé a la casa me ha mirado nuevamente
pero ahora recostado en tus rodillas, en este verso
incompleto.

You have walked, Inés, through this verse
while going home. Everything you pass by
is always as real as the stones,
lips, and death.

Do you know what? Last night I surprised your cat,
Artemidorus
watching me think.

The silence which is his moving body
remained suspended, contemplating me
from eyes perched, like him,
on my old books.

I didn't want to disturb him and left
to imagine what you feel when you see the streets that you
                                                    [create
without the other
people finding out
that because of you the world makes sense, that you have
                                                    [provided it
with places and smells, that it has always been you.

More silent than his own shadow
Artemidorus followed me like a question
and when I returned home he looked at me again
but now resting on your knees, in this incomplete verse.

No me hace falta que te vayas al origen.

Yo soy la que existía: Mi nombre era
                              desde antes que tu voz.

De mi silencio, mano que me escribes
estás naciendo tú.

                    No te confundas.

I don't need you to go to the origin.

I am who existed: My name existed
                    before your voice did.

Out of my silence, hand that writes me
you are being born.

                    Don't fool yourself.

No puedo ser sino el aliento con que escribo, que ahora se detiene. Pero el aliento que declara que mi aliento se detiene continúa y habla de ti, me escribe desde ti, desde ella, desde los tres, y entonces surge la revelación: hay alguien más en esto. En esta línea hay otro que nos dice. Pero ese otro, Amor

        el que te está buscando
        y queda ciego con tu luz
        aún sin mirarla
        el que le teme a tu cintura
        y que jamás
        alcanzará tu amor
        el que te escribe cuando escribo
        ese también
        quiere morderte.

I can only be the breath with which I write, that now stops.
But the breath that declares that my breath is stopped
continues and talks about you, it writes me from you, from
her, from the three of us, and then comes the revelation:
there is someone else in this. In this line there is another
that speaks to us. But that other one, my Love

> who is looking for you
> and remains blinded by your light
> without even seeing it
> the one fears your waist
> and that will never
> earn your love
> the one who writes to you
> when I write you
> that one also
> wants to bite you.

Te escucho desde aquí.

Te estoy mirando.

Te siento hojeando las palabras y pensando
que mi piel es una letra una vocal que aroma
el parque en que me lees el verso en que me formo
y piensas que estás fuera del *Cuaderno de los sueños*
que sólo eres tus ojos nada más tu voz
sobre esta página en que observas como voyeurista
los problemas que tenemos nuestra poca libertad
y ríes
   piensas
que eres más verdad
que tienes el derecho el gusto de tocarme
con el nombre que me ha dado
y con el que me designo
           eres
        tristemente
          igual a él
       a ella su lectora

que también está en el libro
mirándote a los ojos
porque te estoy soñando
      ojo que me lees
en cada letra que has dejado atrás.

I listen to you from here.

I'm watching you.

I feel you leafing through my words and thinking
that my skin is a letter, a vowel that gives the park it's
smell
the park where you read the verse in which I take shape
and you think that you are outside the *Notebook of Dreams*
that you are only your eyes, only your voice
above this page in which you observe, like a voyeur
the problems that we have our limited freedom
and you laugh
                        thinking
that you are more true
that you have the right, the pleasure of touching me
with the name that he has given me
and with which I designate myself
                                    sadly
                                  you are
                            the same as he
                        as her   his reader

who is also in the book
looking you in the eyes
because I am dreaming you
                                    eye that reads me
in each letter you have left behind.

Abandonar la idea de que tengas una forma
y no escribir
                entrar
                en esa habitación
para extender el brazo adivinar tu nuca
y saber que el amor mismo con sus manos va formándote
para que seas la sorpresa
que se mueve hacia mi pecho.

Abandon the idea that you have a form
and don't write
                enter
                that room
reach out find the nape of your neck
and discover that love itself with its hands has made you
so that you can be the warm surprise
that moves towards my chest.

Sigue dormida. A la mitad del camino entre la cama y mi estudio recuerdo unos versos de Alí: *si acaso el ángel frente a mí dijera/ la última palabra / la decisión mortal de mi destino/ y plegando las alas junto a mi cuerpo hablara…*
Su cuerpo sigue allí: en la palabra cuerpo, en la palabra Inés, en la palabra allí. Su cuerpo está en el cuarto. Yo sigo caminando, en el silencio, este pasillo que une y que separa su carne de su nombre.
Atrás, Inés me sueña algo que ignoro. Adelante, Mía escribe esta página:

Mía,
ven de nuevo.

Ocupa el ámbito del verso
y calla,

        permanece.

No salgas de la piel
que te procuro, y no me dejes
al silencio de este parque
al caos de mi estudio
de este libro incompleto.

En la recamara en que estás
hay algo nuevo. Hay otra
voluntad

        y ya es momento
que me dejes escribirte.

She's still asleep. Halfway on the path between the bed and my studio I recall some lines of Alí: *if perhaps the angel in front of me said/ the last word/ the fatal decision of my destiny/ and folding its wings over my body, talked...*
Her body stays there: in the word "body," in the word "Inés," in the word "there." Her body is in the room. I continue walking, in the silence, this corridor that connects and separates her flesh from her name.
Earlier, Inés dreams me something that I ignore. Later on, Mía writes this page:

Mía,
come back again.

Take up the confines of the poem
and be quiet,

                stay.

Don't leave the skin
in which I keep you, and don't leave me
to the silence of this park

to the chaos of my study,
of this incomplete book.

In the bedroom in which you lie,
there is something new. There is another
will

         and it's time
that you let me write you.

Llega mueve un muslo abre las piernas
avanza por el parque hasta una página anterior
cuando era un Ángel iba sola con los pies desnudos ahora
huele a piel y yo la beso muerdo el pubis
Manuel me dice abre las piernas calla
le gusta el parque de los adolescentes Manuel me dice
en medio del estudio afuera de los muslos que abre
páginas
hay otro verso en el que mueve el cuello más
ayer iba descalza para jugar el agua
con los pies que amo que están fuera de
este libro estira el cuello más desnuda más
sobre este césped
hay un olor a carne más me dice tiembla más
le beso las rodillas todavía de Ángel
más Manuel te amo dice más me dice deja el libro quiero
más
y muerde mis palabras yo no soy literatura
yo soy más yo te amo más Manuel más más
yo escribo este poema
y nuestro aliento se detiene.

Afuera te dibujas.

She arrives moves a thigh opens her legs
she walks through the park into a previous page
when she was an Angel going alone on her bare feet now
she smells of skin and I kiss it, I bite her pubis
Manuel she says she opens her legs she goes quiet
she likes the teenagers' park Manuel she says to me
in the middle of the study outside the thighs she opens
pages
there is another poem in it which she moves her neck
more
yesterday she was going barefoot to play the water
with the feet I love that are outside of
this book she stretches her neck more naked more
on this grass
and a smell of flesh more she tells me she trembles more
I kiss her still Angelic knees
more Manuel I love you she says more she says leave the
book I want more
and she bites my words I am not literature
I am more I love you more Manuel more more
I write this poem
and our breath stops.

Outside you draw yourself.

Notas

Ruben Bonifaz Nuño (1923-2013). Poeta y académico mexicano, especialista en literatura clásica. Traductor al español de Catulo, Ovidio, Propercio, Lucrecio y Virgilio.

Eduardo Lizalde (1929-). Probablemente el poeta vivo más importante de México y uno de los más sobresalientes de la lengua española.

Ali Chumacero (1918-2010). Poeta mexicano considerado uno de los mejores de su época, a pesar de haber publicado solamente tres libros de poesía.

Notes

In Spanish, the word *Mía* is a feminine possessive pronoun equivalent to the English *mine,* and it is also a woman's name.

Rubén Bonifaz Nuño (1923-2013). Influential Mexican poet and classical scholar. Translator of Catullus, Propertius, Ovid, Lucretius and Virgil into Spanish.

Eduardo Lizalde (1929-). Arguably, Mexico's most important living poet and one of the most outstanding in the Spanish language.

Alí Chumacero (1918-2010). Mexican poet considered one of the best of his time despite only publishing three books of poems.

SEIS PUERTAS ABIERTAS

Six open doors

Arte poética

Para Adiah

Terca, la hoja amarilla
no se suelta de la rama.

La observo en su disputa
contra el viento y la lluvia,
contra la gravedad.

Llevo días mirando
su callado esfuerzo,
su tragedia diminuta.

Su persistencia
no merece olvido.

Es por eso
que la he puesto aquí,
en este verso
del que no caerá.

ARS POETICA

To Adiah

Stubborn, the yellow leaf
does not let go of the branch.

I watch her battle
against wind and rain,
against gravity.

For days, I've been watching
her quiet effort,
her tiny tragedy.

Her persistence
does not deserve oblivion.

That is why
I put her here,
in this verse
from which she will not fall.

VICTORIA DEL AMOR

[Yo] que me niego a reconocer los hechos...

Rafael Cadenas, *Derrota*

Yo
que me enamoro de mujeres inauditas
que comprendo más que nadie a los que lloran en
los aeropuertos
que he visto ya todos los rostros del amor
cuando se marcha
que he dicho "para siempre" y he soltado sus
manos
que todavía sostengo que el amor existe
que he sido amado, odiado y olvidado por la
mujer más justa
que me rio de mí
que soy el " pasará'" , " no es mi intención", "
todo es mi culpa"
que aún creo en la esperanza
que lucho por tener una sonrisa presentable
que a veces compadezco a quien espera algo de mí
que no merezco nada
que escribo de vergüenza
que llego a mis poemas como quien se cae
me levantaré del polvo para decir tu nombre
y sonreír con expresión de enfermo, todavía.

VICTORY OF LOVE

[I] who refuse to recognize the facts...

Rafael Cadenas, *Defeat*

I,
who fall in love with unprecedented women
who understand, more than anyone, those who
cry at airports
who have seen all the faces of love   while it goes
away
who have said "forever" and then have let
go of her hands
who still believe that love exists
who have been loved, hated and forgotten by the
most just of all women
who laugh at myself
who am the "it will pass", "it was never my
intention", "it's all my fault"
who still believes in hope
who struggle to have an acceptable smile
who sometimes pity whoever expects
something of me
who don't deserve anything
who write out of shame
who arrive at a poem like someone who falls
down
will rise from the dust to say your name
and smile with the expression of a madman, still
in love.

Mi madre mira su ventana y dice llueve
miro afuera
realmente está lloviendo   dice
cuando niño te buscabas charcos
para ver las nubes   abro mi ventana

todo huele como a sabor de jícama

colgamos el teléfono   salimos a la puerta
sonreímos
como si viéramos la misma lluvia

My mother looks out her window and says it's
raining
I look outside
it is actually raining   She tells me
when you were a child you looked for puddles
to see the clouds   I open my window

everything smells like the taste of jicama

we hang up the phone   step outside
and smile
as if we were looking at the same rain.

Para brindar ahora

Homenaje a Pedro Lastra.
Para Raúl Diego y Denis Pech.

Después diremos que hemos sido jóvenes,
que salimos en aviones a buscar palabras
y muchachas nuevas.
                  Que nos sentamos
la belleza en las rodillas, la encontramos amarga
y la injuriamos.

Después diremos que hemos sido mercenarios
de calles largas y licorerías.

Diremos que hemos despertado alegres.

Que una mañana desnudamos la poesía
y allí, frente a su cuerpo irregular y enorme
difícil de preñar
hemos tenido el miedo y el deseo
de que todo
termine.

Diremos
que nos hemos conformado
con hacer literatura:

                quisimos armar piedras
                quisimos fundar tigres
                quisimos construir un templo de ceniza
                y alimentar su hoguera.

To make a toast today

Tribute to Pedro Lastra.
To Raúl Diego and Denis Pech

We will later say that we were young,
that we departed in airplanes searching for new words
and for new girls.
That we sat Beauty on our knees,
found her bitter,
and reviled her.

We will later say that we were mercenaries
of long streets and liquor stores.

We will say we woke up happy.

That one morning we undressed poetry
and there, in front of her irregular and enormous body,
so difficult to impregnate,
we had the fear and the desire
that everything
will end.

We will say
that we have settled
with making literature:

we wanted to assemble stones
we wanted to found tigers
we wanted to built a temple of ashes
and feed its bonfire.

Después diremos
que dejamos el lenguaje, que no nos hizo falta
y partiremos, viejos y cansados
callándonos que todo
es una gran mentira.

Cincinnati, Ohio. Diciembre y 2008.

We will later say
that we abandoned language, that we didn't need it
and then we will depart, old and tired
keeping to ourselves that everything
is a great lie.

Cincinnati, Ohio. December, 2008.

HOMELESS

También es nieve la que cae
en el muñón del limosnero, en la vacía
cuenca de su ojo.

Opaca, desdentada blancura
a la mitad del rostro
va burlando
el rostro de la nieve.

Desde su aliento
el cuerpo encima del muñón
rehace una guerra en un lugar distinto
en que jamás se ha visto una blancura
más quemante que la flama de napalm.

No sé si el hombre ha sido un homicida.

En su muñón, en el vacío del ojo
se ha atorado inútil, fría
la belleza.

HOMELESS

It is also snow that falls
on the stump of the beggar, on the empty
socket of his eye.

Opaque, toothless whiteness
in the middle of his face
mocks the face
of snow.

From its breath
the body above the stump
recalls a war in a different place
in which no one has ever seen
a whiteness that burns more
than the flame of napalm.

I do not know if the man has been a murderer.

On his stump, in the empty space of his eye
beauty got stuck,
cold and useless.

SOY DE AQUÍ

Para Pat Brennan y sus estudiantes

Uno es de los sitios
a los que ha llegado,

del idioma
en el que no puede soñar
y un día sucede
y se despierta preguntándose
cuál es su casa ahora,
cuando siempre hay corazón
en otra parte.

Uno proviene de las calles
que ya nunca son las mismas al volver.

Proviene del momento
en el que decidió partir
y de ese otro en el que entiende
que todo se aleja.

Que es imposible quedarse, aunque te quedes.

Que es imposible, aunque regreses, regresar.

Escribo un verso
que es como una despedida
y lo señalo:

soy de aquí.

I AM FROM HERE

To Pat Brennan and his students

One is from the places
that he has arrived,

from the language
in which he can't dream
and one day it happens
and he wakes up wondering
which one is now his house
when there is always a heart
elsewhere.

One comes from the streets
that never are the same when he returns.

One comes from the moment
in which he decided to leave
and from that other one
in which he realizes
that everything departs.

That it is impossible to stay, even if you stay.

That it is impossible, even if you come back, to be back.

I write a verse
that is like a farewell
and I point at it:

I am from here.

Printed in Great Britain
by Amazon

79787757R00103